COLLECTION FOLIO

Léo Ferré

Poète...
vos papiers !

La Table Ronde

La poésie contemporaine ne chante plus. Elle rampe. Elle a cependant le privilège de la distinction, elle ne fréquente pas les mots mal famés, elle les ignore. Cela arrange bien des esthètes que François Villon ait été un voyou. On ne prend les mots qu'avec des gants : à « menstruel » on préfère « périodique », et l'on va répétant qu'il est des termes médicaux qui ne doivent pas sortir des laboratoires ou du Codex. Le snobisme scolaire qui consiste à n'employer en poésie que certains mots déterminés, à la priver de certains autres, qu'ils soient techniques, médicaux, populaires ou argotiques, me fait penser au prestige du rince-doigts et du baisemain. Ce n'est pas le rince-doigts qui fait les mains propres ni le baisemain qui fait la tendresse. Ce n'est pas le mot qui fait la poésie, c'est la poésie qui illustre le mot.

L'alexandrin est un moule à pieds. On n'admet pas qu'il soit mal chaussé, traînant dans la rue des semelles ajourées de musique. La poésie contemporaine qui fait de la prose en le sachant, brandit le spectre de l'alexandrin comme une forme pressurée et intouchable. Les écrivains qui ont recours à leurs doigts pour savoir s'ils ont leur compte de pieds ne sont pas des poètes : ce sont des dactylographes. Le vers est musique ; le vers sans musique est littérature. Le poème en prose c'est de la prose poétique. Le vers libre n'est plus le vers puisque le propre du vers est de n'être point libre. La syntaxe du vers est une syntaxe harmonique — toutes licences comprises. Il n'y a point de fautes d'harmonie en art ; il n'y a que des fautes de goût. L'harmonie peut s'apprendre à l'école. Le goût est le sourire de l'âme ; il y a des âmes qui ont un vilain rictus, c'est ce qui fait le mauvais goût. Le Concerto de Bela Bartok vaut celui de Beethoven. Qu'importe si « l'alexandrin » de Bartok a les pieds mal chaussés, puisqu'il nous traîne dans les étoiles ! La Lumière d'où qu'elle vienne EST la Lumière...

En France, la poésie est concentrationnaire. Elle n'a d'yeux que pour les fleurs ; le contexte d'humus et de fermentation qui fait la vie n'est pas dans le texte. On a rogné les ailes à l'albatros en lui laissant juste ce qu'il faut de moignons pour s'ébattre dans la basse-cour littéraire. Le poète est devenu son propre réducteur d'ailes, il s'habille en confection avec du kapok dans le style et de la fibranne dans l'idée, il habite le palier au-dessus du reportage hebdomadaire. Il n'y a plus rien à attendre du poète muselé, accroupi et content dans notre monde, il n'y a plus rien à espérer de l'homme parqué, fiché et souriant à l'aventure du vedettariat. Le poète d'aujourd'hui doit être d'une caste, d'un parti ou du Tout-Paris. Le poète qui ne se soumet pas est un homme mutilé. Enfin, pour être poète, je veux dire reconnu, il faut « aller à la ligne ». Le poète n'a plus rien à dire, il s'est lui-même sabordé depuis qu'il a soumis le vers français aux dictats de l'hermétisme et de l'écriture dite « automatique ». L'écriture automatique ne donne pas le talent. Le poète automatique est devenu un cruciverbiste dont le chemin de croix est un damier avec des chicanes et des clôtures : le five o'clock de l'abstraction collective.

La poésie est une clameur, elle doit être entendue comme la musique. Toute poésie destinée à n'être que lue et enfermée dans sa typographie n'est pas finie; elle ne prend son sexe qu'avec la corde vocale tout comme le violon prend le sien avec l'archet qui le touche. Il faut que l'œil écoute le chant de l'imprimerie, il faut qu'il en soit de la poésie lue comme de la lecture des sous-titres sur une bande filmée : le vers écrit ne doit être que la version originale d'une photographie, d'un tableau, d'une sculpture. Dès que le vers est libre, l'œil est égaré, il ne lit plus qu'à plat; le relief est absent comme est absente la musique.

« Enfin Malherbe vint... » et Boileau avec lui... et toutes les écoles, et toutes les communautés, et tous les phalanstères de l'imbécillité! L'embrigadement est un signe des temps, de notre temps. Les hommes qui pensent en rond ont les idées courbes. Les sociétés littéraires sont encore la Société. La pensée mise en commun est une pensée commune. Du jour où l'abstraction, voire l'arbitraire, a remplacé la sensibilité, de ce jour-là date, non pas la décadence qui est encore de l'amour, mais la faillite de l'Art. Les poètes, exsangues, n'ont plus que du papier chiffon, les musiciens que des portées vides ou dodécaphoniques — ce qui revient au même —, les peintres du fusain à bille. L'art abstrait est une ordure magique où viennent picorer les amateurs de salons louches qui ne reconnaîtront jamais Van Gogh dans la rue... Car enfin, le divin Mozart n'est divin qu'en ce bicentenaire! Mozart est mort seul, accompagné à la fosse commune par un chien et des fantômes. Qu'importe! Aujourd'hui le catalogue Koechel est devenu le Bottin de tout musicologue qui a fait au moins une fois le voyage à Salzbourg! L'art est anonyme et n'aspire qu'à se dépouiller de ses contacts charnels. L'art n'est pas un bureau d'anthropométrie. Les tables des matières ne s'embarrassent jamais de fiches signalétiques... On sait que Renoir avait les doigts crochus de rhumatismes, que Beethoven était sourd, que Ravel avait une tumeur qui lui suça d'un coup toute sa musique, qu'il fallut quêter pour enterrer Bela Bartok, on sait que Rutebeuf avait faim, que Villon volait pour manger, que Baudelaire eut de lancinants soucis de blanchisseuse : cela ne représente rien qui ne soit qu'anecdotique. La lumière ne se fait que sur les tombes.

Avec nos avions qui dament le pion au soleil, avec nos magnétophones qui se souviennent de « ces voix qui se sont tues », avec nos âmes en rade au milieu des rues, nous sommes au bord du vide, ficelés dans nos paquets de viande, à regarder passer les révolutions. Le seul droit qui reste à la poésie est de faire parler les pierres, frémir les drapeaux malades, s'accoupler les pensées secrètes.

Nous vivons une époque épique qui a commencé avec la machine à vapeur et qui se termine par la désintégration de l'atome. L'énergie enfermée dans la formule relativiste nous donnera demain la salle de bain portative et une monnaie à piles qui reléguera l'or dans la mémoire des westerns... La poésie devra-t-elle s'alimenter aux accumulateurs nucléaires et mettre l'âme humaine et son désarroi dans un herbier?

Nous vivons une époque épique et nous n'avons plus rien d'épique. A New York le dentifrice chlorophylle fait un pâté de néon dans la forêt des gratte-ciel. On vend la musique comme on vend le savon à barbe. Le progrès, c'est la culture en pilules. Pour que le désespoir même se vende, il ne reste qu'à en trouver la formule. Tout est prêt : les capitaux, la publicité, la clientèle. Qui donc inventera le désespoir?

Dans notre siècle il faut être médiocre, c'est la seule chance qu'on ait de ne point gêner autrui. L'artiste est à descendre, sans délai, comme un oiseau perdu le premier jour de la chasse. Il n'y a plus de chasse gardée, tous les jours sont bons. Aucune complaisance, la société se défend. Il faut s'appeler Claudel ou Jean de Létraz, il faut être incompréhensible ou vulgaire, lyrique ou populaire, il n'y a pas de milieu, il n'y a que des variantes. Dès qu'une idée saine voit le jour, elle est aussitôt happée et mise en compote, et son auteur est traité d'anarchiste.

Divine Anarchie, adorable Anarchie, tu n'es pas un système, un parti, une référence, mais un état d'âme. Tu es la seule invention de l'homme, et sa solitude, et ce qui lui reste de liberté. Tu es l'avoine du poète.

A vos plumes poètes, la poésie crie au secours, le mot Anarchie est inscrit sur le front de ses anges noirs; ne leur coupez pas les ailes! La violence est l'apanage du muscle, les oiseaux dans leurs cris de détresse empruntent à la violence musicale. Les plus beaux chants sont des chants de revendication. Le vers doit faire l'amour dans la tête des populations. A l'école de la poésie, on n'apprend pas : on se bat.

Place à la poésie, hommes traqués! Mettez des tapis sous ses pas meurtris, accordez vos cordes cassées à son diapason lunaire, donnez-lui un bol de riz, un verre d'eau, un sourire, ouvrez les portes sur ce no man's land où les chiens n'ont plus de muselière, les chevaux de licol, ni les hommes de salaires.

N'oubliez jamais que le rire n'est pas le propre de l'homme, mais qu'il est le propre de la Société. L'homme seul ne rit pas; il lui arrive quelquefois de pleurer.

N'oubliez jamais que ce qu'il y a d'encombrant dans la morale, c'est que c'est toujours la morale des autres.

Je voudrais que ces quelques vers constituent un manifeste du désespoir, je voudrais que ces quelques vers constituent pour les hommes libres qui demeurent mes frères un manifeste de l'espoir.

Léo Ferré.

*Le vent
dans la moelle*

poète, vos papiers!

Bipède volupteur de lyre
Époux châtré de Polymnie
Vérolé de lune à confire
Grand-duc bouillon des librairies
Maroufle à pendre à l'hexamètre
Voyou décliné chez les Grecs
Albatros à chaîne et à guêtres
Cigale qui claque du bec

poète, vos papiers!

Syndiqué de la solitude
Museau qui dévore que couic
Sédentaire des longitudes
Phosphaté des dieux chair à flic

17

Colis en souffrance à la veine
Remords de la Légion d'honneur
Tumeur de la fonction urbaine
Don Quichotte du crève-cœur

                    poète, vos papiers!

Spécialiste de la mistoufle
Émigrant qui pisse aux visas
Aventurier de la pantoufle
Sous la table du Nirvana
Meurt-de-faim qui plane à la Une
Écrivain public des croquants
Anonyme qui s'entribune
A la barbe des continents

                    poète, vos papiers!

Citoyen qui sent de la tête
Papa gâteau de l'alphabet
Maquereau de la clarinette
Graine qui pousse des gibets
Châssis rouillé sous les démences
Corridor pourri de l'ennui

Hygiéniste de la romance
Rédempteur falot des lundis

                         poète, vos papiers!

Ventre affamé qui tend l'oreille
Maraudeur aux bras déployés
Pollen au rabais pour abeille
Tête de mort rasée de frais
Rampant de service aux étoiles
Pouacre qui fait dans le quatrain
Masturbé qui vide sa moelle
A la devanture du coin

                         poète,... circulez!

art poétique

J'ai bu du Waterman et j'ai bouffé Littré
Et je repousse du goulot de la syntaxe
A faire se pâmer les précieux à l'arrêt
La phrase m'a poussé au ventre comme un axe

J'ai fait un bail de trois six neuf aux adjectifs
Qui viennent se dorer le mou à ma lanterne
Et j'ai joué au casino les subjonctifs
La chemise à Claudel et les cons dits « modernes »

Le dictionnaire et le porto à découvert
Je débourre des mots à longueur de pelure
J'ai des idées au frais de côté pour l'hiver
A rimer le bifteck avec les engelures

Cependant que Tzara enfourche le bidet
A l'auberge dada la crotte est littéraire

Le vers est libre enfin et la rime en congé
On va pouvoir poétiser le prolétaire

Littérature obscène inventée à la nuit
Onanisme torché au papier de Hollande
Il y'a partouze à l'hémistiche mes amis
Et que m'importe alors Jean Genet que tu bandes

La poétique libérée c'est du bidon
Poète prends ton vers et fous-lui une trempe
Mets-lui les fers aux pieds et la rime au balcon
Et ta Muse sera sapée comme une vamp

Que l'image soit rogue et l'épithète au poil
La césure sournoise certes mais correcte
Tu peux vêtir ta Muse ou la laisser à poil
L'important est ce que ton ventre lui injecte

Ses seins oblitérés par ton verbe arlequin
Gonfleront goulûment la voile aux devantures
Solidement gainée ta lyrique putain
Tu pourras la sortir dans la Littérature

la poésie s' vend mal

J'ai rancard ce matin avec la Vérité
Et je n'ai pas un flesch pour lui payer un verre
Je zyeute aux alentours un bourgeois à taper
Que dalle c'est l'hiver et puis c'est la vie chère

Il faudrait que je fourgue un bidule important
Ma veste d'intérieur... j'en prendrai pas dix balles
La machine à écrire... elle est aux impotents
Salope qui me fait des Q aux intervalles

Le clebs c'est un vieillard... mieux vaut n'en pas
    parler
Et puis je l'aime bien il a piqué le rhume
Ce con il sait pourtant que ça me fait râler
Pens'-tu! faut que monsieur ait sa part de bitume!

Y'a pas d'erreur pour le confort je suis paré
Mon poêle fume et mes chaussettes s'encanaillent

Tant pis je vais lui dire à la Môm' Vérité
C'est pas des coins pour elle ici... faut qu'ell' s'en
    aille!

Et devant mon croûton qui m'affûte les os
Je pense à l'imprudent qui lui paiera le pot!

identité

Je m'appelle orthodoxe et je suis né quand même
Quand Carco misérait des croissants café-crème

Cela dit j'ai raté le nom de mon papa
Et j'attends le prochain qui ne passera pas

Il paraîtrait que je ressemble à mon grand-père
Foutre, leur ai-je dit, en pesant ma grammaire

la muse en carte

Je suis l'Apocalypse et tire à perdre haleine
Les sons ultra-diésés d'un cornet à chanson
Je suis le Verbe chair je suis l'huître marenne
Que l'on crève et qui verse une eau d'autre saison

Mes globule(s) en week-end dans les vieux diction-
    naires
Se sont caillés en lettres feu sur mon bouquin
Je suis la rengaine du sang qui désespère
Et qui draine l'amour d'un cœur européen

Je suis l'orgue de ceux qui n'ont plus de musique
Et mes trente-deux pieds m'empêchent de marcher
Je suis l'homme sucré qui vient de Martinique
Une canne à la main et l'autre pour pleurer

Je suis l'enfariné dans le pétrin à rire
Je suis la poésie et je me bois cul sec

Et la goulée de Dieu que je pipe à ma lyre
M'empoumonne de rime(s) à dégueuler du bec

Je suis le paradis terrestre avec la pomme
Et vaginalement je coupe tout à cœur
Je suis l'intérêt d'août foi d'animal et d'homme
Étant ventriculophagiquement d'ailleurs

Je suis le fleuve doux le mors aux dents sans brides
Qui s'en va vers Le Havre en couleur de chansons
Je me prends pour la Seine et me retrouve humide
Au creux d'un lit crasseux parmi des rêves cons

alceste

Je mesure à peu près cela bien qu'on en dise
Mes yeux ont la couleur des matins en chemise

Mon teint celle du vôtre et mon cœur est battant
Comme le vôtre aussi du moins on le prétend

Mon âme est en carafe au fond de la Tamise
Elle est bien laissons-la au-dehors ça fachise

Le navet qui vous court dans la peau c'est du sang
Le canard aux navets vaut le canard au sang...

Je ris à riches dents au nez de la sottise
Mon dentiste m'a proposé en expertise

Le malheur voyez-vous est qu'il faille être autant
Le péril jaune ça vous fait rire comment?

Je bave comme un môme et j'ai la tempe grise
Ma mère aurait mieux fait de boucler sa valise

Bref je m'ennuie copains et je n'ai pas le temps
De vous mettre mes couille(s) à l'air... c'est dégoû-
    tant

Je vais rimer ailleurs mes tendres vocalises
La république m'embarrasse et me méprise

Le vulgaire a sorti ses petits au printemps
Dieu fait sa diarrhée verte et le monde est content

la messe noire

Ce matin ça sentait la morue à l'église
Curés dépenaillés sacrés au coup de blanc
Ça fait sur l'estomac des emplâtres sanglants
Monsieur l'abbé penchait comme la tour de Pise

J'avais un bénitier tout frais dans ma cervelle
Les vieillards y venaient tremper de vieux pinceaux
Et peindre leurs péchés par le sang de l'agneau
Sur les orgues j'allais crisser mes chanterelles

Ce matin ça sentait un relent d'orémus
Des femmes aux torchons secrets faisaient la roue
Cherchant leur puberté volage chez Padoue
Pendant que l'officiant éjectait des lapsus

Le bouffon c'était lui là-bas ceint de dentelles
Et saint de par la sainteté des oripeaux

Pendant que le soleil violait aux vitraux
Leur pauvre volupté d'authentique aquarelle

Leurs têtes s'essayaient à celles des oracles
Un bedeau maléfique était leur supporter
Il avait une gueule à la Stabat Mater
De quoi faire avorter mille cours des miracles

De sordides abbés jouaient de la trompette
Pétant leurs triolets assassins dans l'aigu
Sublimant des fox-trot latins sur air connu
Pendant qu'il m'arrivait des odeurs de crevette

Et moi j'étais Judas d'Europe ou bien d'ailleurs
Les deniers me crevaient les poches comme un songe
Les autres me crevaient la bouche avec l'éponge
Qui sur la croix ébouriffa l'autre Amateur

Moi j'étais l'argument de ce monde à l'envers
J'étais le substratum inquiet de ces fripouilles
Des verbes gras se conjuguaient tant à mes fouilles
Qu'il en sortait de pornographiques paters

Lors je dis Merde à Dieu pour leur donner plaisir
Car il fallait jouir leurs colères latentes

Ils me couchèrent comme un compte en main
    courante
Essayant leurs crachats et croyant me bénir

Complet dit la putain qui me tenait le front
Ça dégueulait sinistre et rouge de mes bouches
J'étais criblé d'azur et l'arbitre de touche
Faisait passer sous le manteau des faux-bourdons

Festoyant l'alibi des filles en goguette
Touchaient leurs chapelets comme on fait des péchés
Et les garçons les regardaient se déhancher
Près des confessionnaux loués à l'aveuglette

Ah se désemmômer d' la Seine
Et poétiser le béton
Énucléer l'œil des persiennes
Et défigurer les bâillons

Mettre aux chevaux de la dentelle
Des pampas sacrés dans leur sac
Fourgue tes harnais haridelle
Le vent du large fait des couacs...

barbès

A Barbès-Rochechouart j'ai rencontré Satan
Il avait le teint rose et doux comme une orange
Il s'épluchait gaiement dans les basques du temps
Qu'un chronomètre usé ourlait de sa vidange

Des filles aux foulards hurlant leur univers
S'en allaient doucement drapées de ma tendresse
Ces soirs-là je rentrais chez moi tout de travers
Tout en griffant les murs anciens de ma détresse

Trottoirs se racontant l'orgie des vieux bistrots
Affiches où les noms transpiraient l'hiéroglyphe
Becs de gaz de Paris qui me ressemblaient trop
Ma rue avait alors des pitiés de pontife

J'avais un petit Christ sculpté dans de la chair
Et le montrant aux yeux inquiets des populaces

Je m'en tapais un vieux bifteck d'entre deux airs
La transsubstantiation ça me rendait vorace

Et m'abîmant tout seul en des rêves sereins
Dans un hôtel fameux où la passe est sanguine
Je passais lentement sur le ventre vaurien
D'un ancien rossignol jaloux de ma poitrine

L'oraison que distraitement je lui dictais
Susurrait en clef d'ut des libertés publiques
Ça vous avait tout l'air d'un chant ultra-secret
Car mon doux rossignol lisait mal la musique

Vieil hôtel de la terre à Barbès à Paris
Tous les bidets du monde ont chanté vos outrages
Outrageuses vertus plissées en organdi
Vos culottes de passe arrimaient mon veuvage

Et vos yeux que teignait la bonté des jardins
Quand les printemps de vos vingt ans faisaient la
    roue
Me regardaient comme on regarde un vieux tapin
Qui misérablement au désespoir se noue

drapeau noir

Et voilà : le taxi qui maraude en ma tête
En roule night and day de toutes les couleurs

Je rentre à Levallois monsieur car c'est ma fête
Et le drapeau baissé je m'en vais tout en pleurs

Seul hormis le printemps qui grouille et pastorale
Toute une symphonie sous ma peau pour la peau
Éternel passager vers la vitre où s'étale
Comme une informe nostalgie de vrais vitraux

Le rouge fait la main au vert qui désespère
La gaine de la nuit les contient tout en haut
Dégaine-toi putain la nuit c'est tes affaires
Les néons ça roucoule et que font les oiseaux ?

Les néons mon copain et les rails liturgiques
Où glissent des trains doux comme un brouillard ad
    hoc
Ça roule vers l'époque où gisent les épiques
Hommes c'est l'épopée qui vous gonfle le froc!

Il court dans ce Paris un air de déité
Un besoin de compagnonnage avec des anges
Juste tout ce qu'il faut pour être pardonné
Et ces bics qui regardent passer les oranges

Pour être pardonné de prendre l'habitude
Comme un avion à l'heure avec son devenir
Ne pas savoir manger avec ses pieds fair' ses études
Et mourir mille fois d'avoir peur de mourir

l'opéra du ciel

J'ai tant pleuré que je n'ai plus
Le souvenir de mes alarmes
Car j'ai versé jusqu'à la larme
Qui me donnait l'air ingénu
Et si mon cœur n'est pas plus pur
Que la source où boivent mes rêves
C'est qu'il est transpercé de glaives
Et qu'il reste criblé d'azur

Si j'avais les yeux du Bon Dieu
    Je me les crèverais
Et pour amuser les curieux
    Je les leur donnerais
Et par ces fenêtres nouvelles
Ils verraient ce « qu'on a cru voir »
Tous les millions de désespoirs
Vomis par mille clientèles

Si j'avais les yeux du Bon Dieu
Je pleurerais des larmes rouges
Et jusqu'au plus profond des bouges
J'apporterais la paix des cieux

J'ai tant battu la vanité
Que le sang me monte à la tête
Moi qui croyais être à la fête
Et qui vis dans l'absurdité
Le grand amour que j'ai conçu
Pour les humains de la déroute
A terminé sa longue route
Et je demeure un invendu

Si j'avais les mains du Bon Dieu
Je me les couperais
Et pour aider les pauvres gueux
Moi je les leur coudrais
Sur les moignons de la misère
Dans les coulisses du bonheur
Ils pourraient se pétrir des cœurs
A renverser la terre entière

Si j'avais les mains du Bon Dieu
Je giflerais la bourgeoisie
Et trouverais des chirurgies
Pour occuper ces beaux messieurs

J'ai tant chanté les désespoirs
Que ma voix s'est humanisée
Et qu'elle semble être passée
Sur de sinistres abattoirs
Je me fous de leur « rédemption »
Et je ne crois pas aux miracles
Car dans l'enfer de mes débâcles
Satan n'est qu'un échantillon

Si j'avais la voix du Bon Dieu
        Je l'humaniserais
Et dans le micro des pouilleux
        Je l'emprisonnerais
Et sur les ondes migratrices
S'envolerait le chant nouveau
Qui bercerait tous les salauds
A la recherche des polices

Si j'avais la voix du Bon Dieu
Je gueulerais dans le silence
De l'éternelle voûte immense
QUE L'ON PRÉTEND ÊTRE LES CIEUX

le poète englué

Moi poète englué au miel des étalages
Je soldais l'avenir aux citoyens sans âge

     Une barrique d'indulgence
     Oui tout le lot monsieur
     Trente-deux mètres d'évidence
     En face ils ne feront pas mieux

     Chrétiens qui vous videz
     Rechargez vos accus
     Au bazar de la Vérité
     Et mettez vos écus
     Dans le trou du curé

Et tous ces gens qui me transpercent comme un frère
Et la poule du coin qui gratte son bestiaire

Une barrique d'évidence
Oui tout le lot monsieur
Trente-deux mètres d'indulgence
En face ils ne font jamais mieux

Doux farfelu qui fait sa cravate en nuages
Avec des badaboums qui font peur aux enfants
Nos âmes ficelées en papier d'emballage
Itinérairent dans l'azur imprudemment

Pie chose agenouillé dans son château de cartes
Radar assaisonné aux deniers de bigot
Te fait la partie belle et nous bourre la tarte
En jouant au zanzi des morceaux d'ex-voto

Moi poète englué comme une mouche obscène
J'ai crevé un matin en me tapant la Seine

les roses de la merde

Mes pieds ont engagé leur pointure marine
Dans des savates s'ulcérant au ciel zonier
Et la zone a poussé tout à coup des palmiers
Comme un enchantement de rose à la vermine
Des gravats efflanqués fleurant la cathédrale
Rosace de misère et gargouille d'oubli
Débriquent à longueur d'épure et de dépit
Des façades de chaume où le calcaire escale
Il est midi chez la clocharde et ses insectes
Relatent leur folie anonyme et sucrée
En buvant de son sang relatif à gorgée
Curant publiquement leurs trompes architectes
Les graffiti font de la lèpre au mur malade
Pierre est un con Marie-Madeleine est putain
Et puis vont sentencieux les esclaves des chiens
Emmener leurs patrons pisser sur ces salades
La mer a ses anglais et n'est pas bonne à boire
Les cargos sont à sec et s'en vont du gosier
Klaxonnant leur fureur amère dans l'évier
Où j'ai mis à glacer un melon sans histoire

versifications

Ça presse monseigneur à la prosopopée
Faites-les donc parler les pierre(s) et puis sourire
Mettez donc de la glotte au bout de votre lyre
Dites donc au printemps d'enfiler sa livrée

Vous poète falot du boulevard Pershing
Qui chantez la misère au nez de la mistoufle
Faites que cela change et faites qu'un vent souffle
Sur ces vauriens qui vous accablent de sterling

Vous mangez quelques fois par mois, c'est imprudent !
Le rouge vous va bien... sauf à votre voiture
Votre femme n'a pas de manteau de fourrure
Vous êtes en retard l'automne est là pourtant !

J'ai le sang qu'a tourné comme un lait centenaire
J'ai la mort dans les doigts quand je tape à la bouffe
Je suis là malgré moi et il faut que je bouffe
Alors quant à rimer je rime à ma manière

L'amour

rappelle-toi

Rappelle-toi

Cette neige de nuit avec mes cheveux gris
Les chiens qui s'ébrouaient des flocons de tes yeux
Ce rempart d'herbe triste et de moutons anxieux
Cette Alpe camarade accoudée à ton lit

Rappelle-toi

Le sourire de Dieu qu'on touchait de la tête
La montée à la paille avec le vent debout
Et tout debout là-haut la tendresse à genoux
Qui nous rafraîchissait le dos avec nos bêtes

Rappelle-toi

Ces fleurs de la vertu hautaine et leur fumet
Qui ressemble au fumet de tes fleurs de la lune
Et que j'allais chercher comme on cherche fortune
Au bout d'une perdrix que je n'osais tirer

Rappelle-toi

Si je meurs avant toi je veux que vagabonde
Tu souffle(s) un vent de tous les diable(s) au cul des
   gens
Apprenant notre amour à leur cœur impotent
Et que Dieu voyant ça signe la fin du monde

Rappelle-toi

Et si tu meurs devant je suivrai à la trace
Comme le chien perdu sans collier ni pâtée
Recherche tendrement son chagrin à la place
Où son bonheur si bêtement s'est arrêté

la grande vie

Comm' change en un clin d'œil
Un ciel qui s' croit en deuil
Quand le soleil s'en mêle
On va changer d' refrain
La lun' c'est pas si loin
Suffit d'y mett' l'échelle

Trente-deux crocs
Pour y croquer
Le temps qu'il faut
Et des idées
A fair' plisser
L' ciment armé
Rien qu'à r'garder
Comment c'est fait

la grande vie
que j' te dis
la grande vie

Une chanson d'amour
Qui rimera toujours
Avec la rigolade
Une auto il en faut
Pour qu'on jase au bistrot
Devant la citronnade

Et puis l' ciné
rama ou non
mais s'y carrer
comm' des patrons
Et faire un bail
Aux trucs sensass'
Avec un' paill'
Pour mieux qu' ça pass'

la grande vie
que j' te dis
la grande vie

Des briqu's pour rapiécer
Not' carrée ajourée
Et des gauloises blondes
Mohammed sur ta peau
Et moi comme un chapeau
Et notre amour à l'ombre

Un lit rupin
Pour s'y croquer
Comm' les gens bien
Dans la journée
Et un chrono
Pour s'y arrêter
Le temps qu'il faut
Et déguster

la grande vie
que j' te dis
la grande vie

Un costard en anglais
Un trois quarts en entier
Et des pieds d' crocodile
Des valoch's tout confort
Pour caser not' décor
Ailleurs qu'au bois d' Chaville

Et fout' le camp
Et pour de vrai
Ailleurs que dans
Les illustrés
Et s' mett' la terre
Dans les mirettes

Et la vie chère
In the pocket

la grande vie
que j' te dis
la grande vie

De vieux bijoux pas vrais
Qui luiront au rabais
Sous des becs électriques
Un châle s'en allant
De la frange et dedans
Ta jeunesse et sa clique

Rentrer chez nous
Comm' des moineaux
P'têt' sans un sou
Mais comme il faut
Avec toujours
Dans un p'tit coin
Un coin d'amour
Qui valait bien

la grande vie
moi j' te l' dis
la grande vie

le plus beau concerto

Le plus beau concerto est celui que j'écris
Sur les claviers jaloux de ton corps ébloui
Quand mes hautbois en caravanes
Viennent mourir dans tes jardins
Et que m'offrant tant de festins
Tes lèvres dansent la pavane

Le plus beau concerto est celui de ta voix
Les matins reconquis à l'archet de mes doigts
Quand tu meurs à mes violoncelles
Les anges cassent leurs violons
Et sont jaloux de nos chansons
Car la musique en est trop belle

madame la misère

Madame la misère écoutez le vacarme
Que font vos gens le dos voûté la langue au pas
Quand ils sont assoiffés ils se soûlent de larmes
Quand ils ne pleurent plus ils crèvent sous le charme
       De la nature et des gravats

Ce sont des suppliciés au ventre translucide
Qui vont sans foi ni loi comme on le dit parfois
Régler son compte à Monseigneur Éphéméride
Qui a pris leur jeunesse et l'a mise en ses rides
       Quand il ne leur restait que ça

Madame la misère écoutez le tumulte
Qui monte des bas-fonds comme un dernier convoi
Traînant des mots d'amour avalant les insultes
Et prenant par la main leurs colères adultes
       Afin de ne les perdre pas

Ce sont des enragés qui dérangent l'histoire
Et qui mettent du sang sur les chiffres parfois
Comme si l'on devait toucher du doigt pour croire
Qu'un peuple heureux rotant tout seul dans sa
    mangeoire
        Vaut bien une tête de roi

Madame la misère écoutez le silence
Qui entoure le lit défait des magistrats
Le code de la peur se rime avec potence
Il suffit de trouver quelques pendus d'avance
        Et mon Dieu ça ne manque pas

le cul sur la chaise

Ils vous ont fait passer un courant d'opinion
Le Président des U. S. A. prend son bacon

Vous avez attendu longtemps sur votre chaise
Les racketters de Chicago gagnaient du pèze

Vos enfants n'ont pas fait encor toutes leurs dents
Qu'importe les boby soxers gagnent du temps

On vous a enfoncé Monsieur Volt dans la tête
Rita Hayworth a mis son volt dans les braguettes

Vous leur avez fauché la civilisation
Ils en ont racheté une autre d'occasion

Les pannes de courant ont perdu la jugeote
Les syndicats en Amérique ont les chocottes

On ne vous a pas vu aux Actualités
Il y'avait les Untel on vous a regrettés

Les gratte-ciel portent le crêpe de l'Europe
Eisenhower fume en lisant Le Misanthrope

Vous êtes morts le cul sur les États-Unis
Et Lincoln ce soir-là dans sa tombe a rougi

Je vous écris cela à la lampe solaire
Et c'est pour le moment tout ce que je peux faire

les morts qui vivent

Les morts ont des anges gardiens en chrysanthèmes
Ils ont des lits tous alignés comme au dortoir
Et soulèvent parfois de singuliers problèmes
« To be or not to be... » c'est à voir...

Les morts ont des anges gardiens en perles fines
Serties et mortuaire(s) en couronnes d'adieu
Ils sont riches ces morts qui s'en vont à matines
Prier pour des vivants qui n'ont plus besoin d'eux

Il est des morts qui font germer les fleurs des champs
Et ces bourgeons d'amour sentent la remembrance
Et font au cimetière un relief d'ortolans
Où viennent picorer les oiseaux du silence

Je sais d'étranges morts qui ne pourrissent pas
Et qui sont beaux comme la chair adolescente
Ce sont ceux-là dont les vivants parlent tout bas
Anges assassinés de leur jeunesse ardente

les mendiants d'avoine

Le poème est en moi comme une pitié sage
Qui relate l'amour d'un prochain de hasard
Mendiant de Saint-Germain qui lorgne le corsage
Des putains du dimanche allumées au dollar

Mendiant tu branleras la bonté de onze heures
Et lui feras couler des nectars de nickel
Les messes du matin sont quelquefois meilleures
Les bonniches y vont sans doute et sans missel

Et pendant que l'hostie atteindra au pinacle
Mendiant tu leur insuffleras des désirs fous
Elles croiront jouir du Christ au tabernacle
Et c'est toi mon jésus qui tireras le coup

Les cloches sonneront comme si c'était Pâques
Les clients s'en iront pareils aux chevaux vieux
Que l'on voit dans Paris traînassant leurs abaques
Chevaux pensants qui nous en foutent plein les yeux

dieu est nègre

Y'avait dans la gorge à Jimmy
Tant de soleil à trois cents balles
Du blues du rêve et du whisky
Tout comm' dans les bars à Pigalle

Dieu est nègre

C'est à la un' des quotidiens
Ça fait du tort aux diplomates
Jimmy L'a vu au p'tit matin
Avec un saxo dans les pattes

Dieu est nègre

Ça fait un bruit dans l' monde entier
A fair' danser tous les cim'tières

Les orgue(s) à Saint-Germain-des-Prés
En perd'nt le souffle et la prière

Dieu est nègre

Armstrong est r'çu chez l' Président
Il y'est allé sans sa trompette
Depuis deux jours qu'ils sont là d'dans
C'est plus du blues c'est la tempête

Dieu est nègre

Il a de p'tits cheveux d'argent
Qui font au ciel comm' des nuages
Et dans sa gorge y'a du plain-chant
Comm' dans les bars au moyen âge

Dieu est nègre

Et dans la gorge à mon Jimmy
Y'a tant d' soleil à trois cents balles
Du blues du rêve et du whisky
Tout comm' dans les bars à Pigalle

Dieu est nègre

A l'aube grise et tout' gelée
Jimmy s'endort dans l' caniveau
En jouant de la trompett' bouchée
Dans sa bouteill' de Jéricho

pauvre et maigre

la rousse de neuf ans

J'arrivais au mois d'août de seize à ce qu'on dit
Mais foutez-moi la paix états civils du monde
Apprenti né de lune et fabricant de fronde
Je bourre les salauds sauf au saint vendredi

Or mes aisselles d'ange avaient un goût de vierge
Comme on en voit dans le métro des entassés
Ces vierges du métro qui font le pied de nez
Pendant que le vieillard à droite s'en goberge

Miracle de la rue où je vins après guerre
Septembres compassés automnes inouïs
Je drainais ma poitrine aux sources du sanscrit
Et j'inventais à mes copains d'ardents repaires

Ma rousse de neuf ans était neuf fois putain
Et rouge resuçait mes doigts d'apocalypse

Après lui avoir fait au creux quelques ellipses
Ça valait mieux que fair' des ronds dans les bassins

Pucelles d'or pucelles rouges
J'inventerai pour vous des bouges
Où vos torchons mal lessivés
Seront mes drapeaux maculés
Et sur vos éternelles croupes
Buvant la lie avec la coupe
Je battrai trente-trois avés
Histoir' d'apprendre à vous laver

madame ex

Je crois en toi poète au fric et à l'encens
Je crois à l'astrakan à Dior aux métaphores
Les délits du superlatif c'est ravissant
La chanson révolutionnaire... un météore!

Je crois à tes soucis et je crois en ta bourse
Au ventre qui te fit poète à ton standing
A la voiture américaine à la Grande Ourse
Où tu vas divaguant des rimes à Sterling

Je crois à la blancheur du lis aux sans vergogne
Qui vont à la mairie le derrière habité
A ma maman putain qui me faisait la pogne
Au cocu que tu fus et en ta dignité

Je crois au fils de toi geignant dans la gamelle
Que notre pauvreté avait nommé bidet
Cadeau de ta maman pathétique vaisselle
Où nous buvions le philtre de nos destinées

ça sent la crique fauve

Ça sent la crique fauve à la marée, petite!
Et ces filles qui verse(nt) au profond de la nuit
Une gourde marine où boivent des pépites
De chair et de soleil crachant des paradis

A Pantin c'est pareil pour la java salée
Frégates de quinze ans où meurent des étoiles
Ça fait un tremblement de chair sur la chaussée
Où des oiseaux debout leur accrochent des voiles

l'été s'en fout

De cette rose d'églantine
Qui pleure sous la main câline
Et qui rosit d'un peu de sang
Le blé complice de Saint-Jean
De ces yeux qui cherchent fortune
Dans le ciel con comme la lune
De ces poitrines vent debout
De Saint-Tropez à qui sait où

l'été s'en fout

De ces cheveux qui font misaine
A la voiture américaine
De ce soleil qui tant et tant
Vous met du crêpe dans le sang
De cette sève de cactus
Qui coule au pied du Mont Vénus
De ces nuits qui n'ont pas de bout
Et qui vous pénètrent jusqu'où

l'été s'en fout

De ce chagrin de chlorophylle
Qui se prépare loin des villes
De ce septembre paresseux
Qui se remue au coin des cieux
De cet automne adolescent
Comme une fille de quinze ans
Se défeuillant jusques au bout
Pour faire une litière au loup

l'été s'en fout

De ce galbe de la vallée
De ce mouvement des marées
De cette ligne d'horizon
Où ne rime plus la raison
De ces planètes bienheureuses
Où jase un jazz de nébuleuses
De cet ange ou de cette gouape
Enfin qui de sapin nous sape

l'été s'en tape

madre de dios

Épouvantables assassins de l'Atlantique
Négriers fous aux torses maculés
Vous avez le remords tranquille avec la trique

Et les flottes de l'or qui dorment loin d'Europe
Au fonds des mers figées par le regret
Balancent doucement leurs vergues philanthropes

Pendant que vous songez Noyés de l'aventure
Aux ventres que vous n'avez pu violer
Les ventres d'or de ces bateaux aux cales mûres

Cet or je le prendrai dans mes nuits poétiques
Et je l'orfèvrerai comme il se doit
Haubans d'azur beaupré de sang timon lyrique

Qui s'en ira dévotement vers Madeleine
Mieux qu'un bijou sonnant qui chante au doigt
Sitôt cambrée dessus elle fera misaine

Tu seras mon galion je serai ton pirate
Et je t'aborderai à bout portant
Tes dentelles feront la voile à ma frégate

Et frémiront d'amour au sextant de ma race
Dressée aux aigles doux du vent d'autan
Enchaînée à l'azur qui me suit à la trace

Ô marins de la Course étoilés de rapine
Les galions sont ventrus et vous régnez
Terriblement dans les mémoires sous-marines

Prenez le vent sur mon bateau de souvenance
Gréé d'amour et le reste aux aguets
Grevés de ciel gorgés de Dieu et d'importance

Nous écrirons partout le message atlantique
De ces galions d'Espagne et d'autres lieux
Qui s'ennuient ployant d'or et de marins épiques

Et nous y plongerons dedans tous les curieux

ma vieille branche

T'as des cheveux comm' des feuill's mortes
Et du chagrin dans tes ruisseaux
Et l' vent du nord qui prêt' main-forte
A la mèr' pluie qu'est toute en eau

ma vieille branche

T'as des prénoms comm' des gerçures
D'azur tout gris dans tes chiffons
Et l' vent du Nord et ses coutures
Où meur'nt tranquill's les papillons

ma vieille branche

T'as l' rossignol qui t' fait des dettes
Et les yeux doux en coup d' brouillard
Ce vieux chanteur c'est qu'un' girouette
T'as qu'à lui mett' ton vieux foulard

ma vieille branche

T'as les prés comme un chapeau d' paille
De quand l'été se f'sait tout beau
Et des guignols que l'on empaille
A fair' s'en aller tes oiseaux

ma vieille branche

T'as l' cul tout nu comm' les bell's gosses
Arrivées là pour un moment
Mais toi ma vieille il faut qu' tu bosses
Pour arriver jusqu'au printemps

ma vieille branche

T'as rien pour toi qu'un' pauv' frimousse
Un vieux sapin qui t' fait crédit

Deux trois p'tit's fleurs va que j' te pousse
Et puis l'hiver au bout d' ta vie

ma vieille branche... d'automne

angleterre

Tous ces chevaux du roi qui brûlaient leur avoine
En devisant communément sur le Derby
A Buckingham Palace fumaient les vieux havanes
Que les docks déployaient sur Londres sans penny
Archange des steamers où sont donc les savanes
De ces chevaux du roi qui brûlaient leur avoine

A Charing Cross tous les cargos faisaient relâche
Et démâtés leurs souvenirs avaient un goût
De miel mêlé aux tabacs gros et lourds qu'arrachent
Les poumons des marins humant je ne sais d'où
Archange tu roulais alors d'étranges bâches
Sur Charing Cross où les cargos faisaient relâche...

les copains d' la neuille

Les copains d' la neuille
Les frangins d' la night
Ceux qu'ont l' portefeuille
Plus ou moins all right
Ceux pour qui la mouise
Ça fleurit qu' le jour
Qu'ont l' rouquin en guise
De frisson d'amour
Les copains d' cocagne
Ceux qu'ont des faffiots
Et qui font des magnes
A la Veuv' Clicquot
Ceux qui compt'nt les heures
Sur leurs patt'(s) en v'lours
Et qu'ont un' demeure
Pour y planquer l' jour
Les copains d' la farce
Qu'ont mêm' pas d' buffet
Pour y fout' un' garce
Ou pour y danser

Ceux qui pouss'nt la lourde
Dès minuit passé
Et qui n'ont comm' gourde
Que cell' du taulier
Les copains d' la frime
Ceux qui vend'nt le vent
A des prix minimes
Quand y'a du client
Ceux qu'ont la vie brève
Comm' la fleur des champs
Et qui viv'nt en rêve
Pour gagner du temps

Les copains d' la dure
Ceux qui viv'nt pas cher
Mais qu'ont d' la verdure
Même en plein hiver
Ceux qui prenn'nt la lune
Pour du beaujolais
Mais qu'ont l' clair de lune
En d'ssous du gosier
Les copains d' la bise
A l'âme gercée
Et qui s' fout'(nt) en prise
Avec deux gorgées
Ceux qui compt'nt les heures
Sur les doigts d' la main
Et qui s' font leur beurre
Avec leur chagrin

Les copains du soir
Les frangins d' la nuit
Ceux qui boss'(nt) au noir
Jusqu'au bout d' leur vie
Ceux qu'ont la vie louche
Comme un beau matin
Et qui s' cous'(nt) la bouche
En causant des mains
Les copains d' la neuille
Les frangins d' la nuit
Au matin s' défeuillent
De tous leurs habits
Le p'tit jour canaille
Les prend par le cou
Et puis les empaille
Comme des hiboux

ô rose des cités

Ô rose des cités sous la lampe incrédule
Quand la vierge menstrue au bord du crépuscule

L'automne à Saint-Germain-des-Prés se débarrasse
Les feuilles mortes de Prévert font la terrasse

Le soleil a ses règle(s) et dans la nuit ovule
Le vague quotidien qu'on me sert en pilule

Et ces vertes prairies qui me cèdent la place
Au fond de l'œil urbain du cheval de la glace

J'erre à travers mon beau Paris
Sans avoir le cœur d'y mourir
Guillaume APPOLINAIRE.

paris

L'Europe s'ennuyait sur les cartes muettes
Des pays bariolés chercheurs d'identité
Couraient à leur frontière y faire leur toilette
Paris n'existait pas alors ils l'inventaient

Paris claquait comme une main
Sur le visage de la terre
Et les clients les plus malins
Venaient y lire leurs misères
De Vaugirard à Levallois
Des Lilas jusqu'au pont de Sèvres
Paris portait sa grande croix
Dorée par des millions d'orfèvres
La tour Eiffel jouait aux dés
Sa ridicule nostalgie
Les Tuileries se démodaient
Au souvenir des panoplies
Et de l'Étoile au Panthéon
En bataillons imaginaires

Des héros passaient en veston
L'esprit français faisait la guerre

Le canal Saint-Martin qui rêvait à la Seine
Havre des assassins et des amants perdus
La Seine s'ennuyait là-haut au Cours-la-Reine
Foutant l' camp vers Auteuil pour qu'on n'en parle
   plus

Clochards mendiants cour des Miracles
Seigneurs patentés de la nuit
Qui finissez tous vos spectacles
Au rideau des ponts de Paris
Émigrés d'Europe centrale
Des Amérique(s) ou bien d'ailleurs
Qui refaites vos initiales
L'identité n'a pas d'odeur
Ouvriers Artisans Poètes
Enfants chéris de l'amitié
Enfants d'Auteuil de La Villette
Ô comme vous vous ressemblez
D' la gar' de l'Est qui se mourait
Dans les fumées épileptiques
Les aiguillages étranglaient
Tous les requiem germaniques

Les autos et les gens le soir à Saint-Lazare
Jouaient leur grand-passion pour des christs en képis

Passagers d'occasion Visiteurs à fanfares
Le monde est trop petit pour contenir Paris

      Ceux qui changeaient à République
      Avaient les sangs tout retournés
      Y'a des mots qui font d' la musique
      Et qui dérangent l'alphabet
      Car le métro à Stalingrad
      Roulait des souvenirs lyriques
      Certains en prenaient pour leur grad'
      Au portillon automatique
      Colonel-Fabien Bonsergent
      Vocabulaire de la gloire
      Petit Larousse devient grand
      Paris a pas mal de mémoire
      Vers Opéra vers Madeleine
      Discrètement s'en sont allés
      Ceux qui filaient encor la haine
      A leurs quenouilles périmées

Débiteurs de Paname encombrés de créances
C'est au quartier Latin qu'on pointera vos « i »
De Saint-Germain-des-Prés pour signer vos quit-
    tances
En quelques vers français nous rimerons Paris

      Cette nuit-là Paris portait
      Toutes les femmes en gésine

Les gavroches qui en sortaient
Au Sacré-Cœur sonnaient matines
Et les aveugles de Paris
Se sont pendus à ma défroque
Dans leurs yeux blancs en travestis
Se reflétaient d'autres époques
Paris d'Hugo et de Villon
Paris qui pleure de Verlaine
Le peuple change à la Nation
Le Caporal à Sainte-Hélène
Des bas-fonds de la délivrance
Montait un chant désespéré
La capitale de la France
Réinventait la liberté

tristesse de paris

Tristesse de Paris aux Seines rédemptrices
Je sens les quais gémir sous le hachoir du temps
Ça dégouline rouge sang dans mes supplices
Moi noctambule affreux vivant à bout portant

Mes amours détrempés dans le ruisseau des villes
Se souviennent de moi et crient aux alentours :
« Amateurs langoureux de peintures idylles
Le sang qui fait mon rouge est du sang des
    faubourgs »

Tignasse de la nuit des Dalilas du square
Je taille mes envies dans des hôtels taudis
Et j'égratigne doucement dans leur mémoire
Un illustre passé en nylon de minuit

Tant de lilas en papier peint me désespèrent
Tandis que j'imagine en des jardins de rois
Les fleurs de ma tendresse apprise aux réverbères
Ces compagnons de mon ennui et de ma loi

l'amour

Quand y'a la mer et puis les ch'vaux
Qui font des tours comme au ciné
Mais qu' dans tes bras c'est bien plus beau
Quand y'a la mer et puis les ch'vaux

Quand la raison n'a plus raison
Et qu' nos yeux jouent à s' renverser
Et qu'on n' sait plus qui est l' patron
Quand la raison n'a plus raison

Quand on rat'rait la fin du monde
Et qu'on vendrait l'éternité
Pour cette éternelle seconde
Quand on rat'rait la fin du monde

Quand le diable nous voit pâlir
Quand y'a plus moyen d' dessiner

La fleur d'amour qui va s'ouvrir
Quand le diable nous voit pâlir

Quand la machine a démarré
Quand on n' sait plus bien où l'on est
Et qu'on attend c' qui va s' passer

... je t'aime !

à toi

La forêt qui s'élance au ciel comme une verge
Les serments naufragés qui errent sur la berge
Les oiseaux dénoncés que le chasseur flamberge

Les diamants constellés qui fuient les pâles couches
Tous les yeux de la rue qui crèvent sur ta bouche
Le pavé que tu foule(s) et ma voix que tu touches

Les amants accolés muets comme la cire
Les culottes des femme(s) où le monde se mire
Les fauves repentis qui rendent des martyrs

Le ventre des pendus qui coule des potences
Les noces pathétique(s) où les larmes sont rances
Les émigrants qui n'ont jamais de pain d'avance

Les mains transfigurées qui règlent la tzigane
Baudelaire et Shakespeare au chevet des profanes
Les chevaux condamnés et leur dernière avoine

La voix pour commander à mille couturières
Un lit avec le Parthénon comme litière
Le catéchisme de la joie la vie entière

Des violons barrissant les complaintes futures
Des tonnes de crachat sur la Critiquature
Le vent du large et des bûchers pour les clôtures

Des langues pour parler aux Chinois faméliques
Des poumons pour souffler au ventre des phtisiques
Des javas pour brouiller les chants patriotiques

Le ruisseau qui jouit jusqu'au Havre sans trêve
Le malheureux le chien qui meurt l'homme qui crève
Le sang des femmes qui sont mortes sans un rêve

Les cheveux élagués qui cherchent des caresses
Le remords amical du prêtre qui confesse
Les yeux des tout-petits riboulant de tendresse

L'orgue de la nature au souffle de violettes
Les rendez-vous mystérieux sous la violette
Le numéro que tu voulais à la roulette

Les portes de secours battant sur les étoiles
Les Vendredis des Robinsons des capitales
La boussole des veuve(s) aveugles sous leur voile

Le vain espoir des mitraillés sous la mitraille
La poitrine qui bat sous les pâles médailles
Les jésus désertant le fruit de tes entrailles

Les dentelles flottant au nez de la misère
Le loup blessé à mort qu'on regarde se taire
Le chant du coq et le silence de saint Pierre

Les cœurs déchiquetés qui parlent aux fantômes
Les gens de bien qui ont désintégré l'atome
Le Capital qui joue aux dés Notre Royaume

ET PUIS le majuscule ennui qui nous sclérose
Mon pauvre amour car nous pensons les mêmes
  choses
En attendant que l'Ange nous métamorphose...

la sorgue

Je suis le tapin de la lune
Sur le macadam à Greenwich
Et mes jupons troués de lunes
Se retroussent devant l'anglich

Je suis la copine à radar
Ce curieux ce flic ce voyeur
Et chaque fois qu'il est de quart
Je me mets à poil sans pudeur

Je suis la plage d'océan
Où je compte des grains de sable
Que je refile à un marchand
En société avec le diable

Je suis la gomme à effacer
Les gratte-ciel au crépuscule

Et le buvard qui vient sécher
Les mains moites des funambules

Je suis la couche du soleil
Qui ferme ses yeux dans mes mains
Chaque soir en grand appareil
Avec des étoile(s) à mon sein

Je suis la voûte impénétrable
Des oiseaux fous volant de nuit
Et qui picorent à ma table
Des logarithme(s) et du défi

Je suis le jour des yeux crevés
Et qui regardent en dedans
Des couleurs à réinventer
Que ne voient jamais les voyants

Je suis l'orgue des anonymes
Qui me pelotent de leurs doigts
Avec des cris d'amour sublimes
Qui me jaillissent malgré moi

Je suis la femme du soldat
Sur un châlit de paille rêche

Qu'il prend perhaps pour de la soie
Tellement mes rêves le lèchent

Je suis la lame du bandit
Que le crime paie quelquefois
Et quand on parle de minuit
C'est en plein milieu de chez moi

Je suis la soie du condamné
Comme une araignée je déroule
La toile du remords et fais
Qu'au petit jour il perd la boule

Je suis la graine d'hôpital
Qui pousse des fleurs mécaniques
Pétales d'aube et de bocal
Où baignent mes nuits romantiques

Je suis la raison d'espérer
De l'anarchiste et du poète
Et je tiens leurs idées au frais
En attendant qu'on les achète

le testament

Avant de passer l'arme à gauche
Avant que la faux ne me fauche
Tel jour telle heure en telle année
Sans fric sans papier sans notaire
Je te laisse ici l'inventaire
De ce que j'ai mis de côté

La serviette en papier où tu laissas ta bouche
Ma mèche de cheveux quand ils n'étaient pas gris
Mon foulard quelques plume(s) et cette chanson
    louche
Avec autant de mots que nous avions de nuits

L'oreille de Van Gogh la pipe de Balzac
Cette armée d'anarchie et ses fanfares blêmes
Le cheval qui travaille avec son petit sac
Où dorment des prairies d'avoine et de carême

L'enfer de Monsieur Dante où je descends ce soir
Un paquet vide de Celtiques sur la table
Quelques stylos à bille aux roulements d'espoir
Avec dans leur roulis des chansons... formidables...

Le zinc de ce bistrot où nous perdions nos gueules
Cette affiche où nos yeux écoutaient des bravos
Cette page d'annonce(s) où s'ennuie toute seule
Notre maison avec mes rêve(s) en in-quarto

Le pick-up du tonnerre et les gants de la pluie
La voix d'André Breton l'absinthe de Verlaine
Les âmes de nos chiens en bouquets réunies
Et leurs paroles dans la nuit comme une traîne

Avant de passer l'arme à gauche
Avant que la faux ne me fauche
Tel jour telle heure en telle année
Sans fric sans papier sans notaire
Il est bien maigre l'inventaire
De ce que j'ai mis de côté

Mais je te laisse ça comme une chanson tendre
Avec ta fantaisie qui fera beaucoup mieux
Et puis ma voix perdue que tu pourras entendre
En laissant retomber le rideau si tu veux

Époque épique

où va cet univers ?

Où va cet univers dérivé comme un cygne
Sur l'étang désiré où nos âmes remorquent
Toute une exhalaison d'horaires et de signes...
Il est cinq heure(s) ici et midi à New York !

Non mais sans blague Christ tu fuis de ton flanc
    triste
Sur ce monde impotent et sur ces potentats
Qui t'ont étiqueté d'étiquette(s) à touriste
Le plat du jour : c'est Christ avec les bras en croix

Et tu crois que je crois non mais crois-tu l'indigne
Serait de t'apporter des pansements au flanc
Qu'il coule nom de Dieu ton sang comme la vigne
Et ton cru qui l'eût cru on y croira longtemps...

le hibou de paris

L'automne dans les bois est cousu de ouatine
On y entend les pattes douces de la vie
Quelque oiseau malhabile en sifflant dès matines
A tiré de sa sieste un hibou de Paris

La chlorophylle s'est caillée au bout des branches
C'est l'amour qui s'enchante et se meurt à la fois
Et la feuille d'automne agonise un dimanche
Et le lundi matin on la montre du doigt

L'automne caraïbe a des printemps qui flânent
C'est le tropique qui trop pique et goulûment
Délave son été dans un azur où plane
Un soleil gominé qui ne fout pas le camp

Ça c'est la poésie monsieur, où meurt l'automne
Le poète va pondre un œuf impunément

L'automne est mort qu'importe une chanson rayonne
Et enroue les pick-up comme un emmerdement

Et ce jazz qui vous tape au siphon comme un pic
Un vrai déhanchement d'épopée en surtax
Un potentiel de brouhaha qui tombe à pic
Dans cette épique époque où syntaxent les saxs

Et ces nouvelles qu'on vous tend comme une perche
Et ces désirs blessés mille fois rapiécés
Ces manettes truquées où vainement l'on cherche
Une voix bienheureuse à l'horizon clouée

l'homme lyrique

Homme saint par dix fois devant les cathédrales
Les pages de ma loi se colorent de roux
Ton ventre armorié au cuivre des cymbales
Battra le feu sacré en tirant quelque coup

Homme lyrique homme qui pense homme qui sue
Homme qui n'es plus homme et qui ne le sait pas
Gamète transhumant vers des mers sans issue
Regarde le printemps qui crève d'hosannas

Et gorgé de saison nouvelle et de mâture
Va-t'en violer la voile impudique et dressant
Ses rêves au soleil de ma littérature
Eh l'homme je t'accuse en me divertissant

Tu passes comme l'or au crible des combines
Transvaal pensant roseau qui tremble de beauté

Homme taylorisé l'aiguille se débine
Le temps marque les points Vive la Liberté

Tu vois Ève peinant ses ferveurs menstruelles
Et coulant tant de suc vers les limbes de plomb
Les reins assassinés mourant aux aquarelles
Dont le rouge se fane en rêves de linons...

Que la vérité blesse enfin ton hébétude
Adam irréductible à la pompe d'api
Le fruit sanguinolent vaincra ta solitude
Les limbes n'auront rien cette fois mon ami

Drame neuf fois compté aux clepsydres lointaines
L'ovaire grandissant est mûr pour le football
Tu as le coup de reins facile avec la graine
Semeur invétéré qui joue au grand guignol

Tu traînes languissant ton sourire tragique
Sur les états civils de quelque lupanar
Passant ombré de Dieu monstre de mécanique
Lyre de chair sur cordes de bazar

Les vers que je t'immole aujourd'hui à la forge
Des alphabets rougis sur ma peau de chagrin

Forment mille drapeaux que mon âme dégorge
Famélique passant au libraire du coin

Fauche donc mon bouquin et tranche-lui la gorge!

l'arlequin

Ô ventre maternel où pourrissant de l'ombre
J'étais un catéchisme en style ombilical
Pathétique hasard de péchés en surnombre

Aqueuse déception forgée après le bal
C'est en forgeant très tard que l'on devient poète
En chemise à carreaux je joue à Carnaval

Tous les jours de mes mois je me fis une tête
A l'image de Dieu... et n'ai rien inventé
Et le soir aux draps blancs plissant de goélette

Je m'en allais humant un peu d'éternité...
Ces rêves enlacés d'azur et de géhenne
Je les veux mêmement renaître de l'été

Lorsque les soleils pourpre(s) iront faire la chaîne
Et se dorer le cul au feu de ma chanson
Je leur tricoterai des pull-overs de laine

Les astres s'en iront sans rime ni raison
Déglinguant l'édifice encombré de mystère
Ce jour-là Christ sera coiffé comme un garçon

Il se dira partout des messes adultères
Nos calices seront des pichets de bazars
Que rougiront les sangs glorieux de nos misères

Et nous verrons Jésus faire le grand écart
Sur les tranches du ciel pelé comme une orange
Tout en fumant un calumet de trois dollars

Qu'il aura eu à Chicago pour un bon change

tête-à-tête

Horizon bel été en robe de velours
Qui plisse dans le vent glacé des quadratures
Ô misérable courbe où se courbent les jours
Combien nos yeux perdus d'avance te rassurent !

Tout est courbe ici même et la toupie et l'homme
Regarde-nous Seigneur nous tournons tous en rond
L'univers même lui est rond comme une pomme
Einstein te l'a croqué avec une équation !

Tu es le circonflexe adoré de la nuit
Le terminus ailé de nos pattes terriennes
Et portes sur ton dos une croix que l'on dit
Faite de notre bois et plantée sur nos peines

Et que te reste-t-il Seigneur de tes mystères ?
Cet horizon sans fin où nous escaladons

Cette mémoire courbe aussi où s'exaspèrent
A remonter nos souvenirs à reculons?

Les voix que l'on entend chanter derrièr' le monde?
Les procédures innommables de tes gens?
La terreur de dormir quand la mort fait sa ronde
Ou ce confessionnal où tremblent tes amants?

Si tu venais ce soir et t'asseoir à ma table
Nous porterions un toast à qui Seigneur?
A la pierre qui fend sous la glace et la fable?
A l'homme qui sourit par-delà son malheur?

Je prendrai tes deux mains de brume dans mes mains
Et les tendrai vers quoi je ne puis tendre seul
Vers l'horizon glacé où frappent nos destins
En criant : « Ouvre donc, je ne suis plus tout seul! »

Mais vous n'apparaissez qu'au pape ma parole!
Venez donc par ici où nos viandes s'encornent
Apparaissez dans l'autobus, sous la Coupole
Quand Cocteau vend Genet pour un bout de
   bicorne!

Ça ferait un chahut total pour vos prestiges
Les présidents les assassins tout ce qui pense
Vous feraient un chemin de croix de trois cents piges
De quoi vous assurer toute leur descendance!

jérémie

Ce siècle a des violence(s) empruntées à la guerre
Moi qui suis né dans l'une et qu'ai poussé sous
   l'autre
Dans la traînée du vent je m'essaye et j'apôtre
Un évangile d'arrogance et de misère

Tout petit je galbais déjà comme une ogive
Ma main en haut-parleur faisait parler les pierres
Et mes cris dédouanés cavalaient les frontières
J'étais nazi de couillé et mon âme était juive

le voyeur

J'ai de la brume en vrac pour illustrer le monde
Et je peins des apache(s) à chaque promeneur
Le boulevard s'annonce mal et puis débonde
Toute une moisissure humaine en z'yeux à fleurs

Mil neuf cent cinquant'-six... bientôt quadragénaire,
La rue me monte au nez comme des barbaries
Ça moud aux devanture(s) et ça pue la colère
Les phonos lise(nt) Armstrong dans le texte à Paris

Les poètes sont là vissés au crépuscule
Entre deux autobus ils riment des appels
Ohé de l'inconnu de l'arpette et des bulles
Que font les bouches accolées à l'essentiel!

Les magasins s'en vont par dix faire trempette
Dans la cervelle des badauds rue d'Amsterdam

Et la gar' Saint-Lazare ajuste ses lunettes
Le buvard à banlieue sèche le macadam

C'est l'heure à requiem six piges c'est la pointe
Et ça pointe un peu mauve au-dessous des quinquets
Les filles de quinze ans ça pointe et ça complainte
C'est le chant des banlieues de l'aiguilleur distrait

Par ici pas si haut les mains sont des fantômes
Précis et maladroits sous les jupe(s) à huis clos
Les mêmes mains qui parle(nt) en gutturant des
    psaumes
Dans les bistrots du roi David Ricard and Co

Pie douze en pin up boy aboie sur les façades
Comme la Margaret on en parle au café
Ce monde épique est un poète qui balade
Aux portes de l'abstrait des dieux de cabaret

Les tailleurs pour le tweed ont l'œil caméléon
Et découpe(nt) à Scotland des gigots à la mode
Tu peux miss déployer tout ton qu'en dira-t-on
Le tailleur pour ton cul a l'œil aux antilopes

Les flics les anges blonds tenanciers de football
Les meetings c'est le chœur antique qui s'attarde

Cet enchevêtrement de muscle obscène sur le sol
Et ce peuple qui bande en lâchant ses cocardes

La radio dans le ciel lance des anathèmes
Les annonceurs publics se lavent au Persil
Es-tu blanche ô mon âme en cette terreur même
Où l'onde savonneuse en a pour son babil

Une affiche fanée comme une vieille actrice
Remonte un peu ses lettre(s) et se met de trois quarts
Faisant du gringue au cantonnier qui va et plisse
Sous les ordures communale(s) et son devoir

Dans la rue les jardins ont du pavé qui pousse
Sur les étals grimpants la mer porte le deuil
Gisant là démarrés des poissons vous repoussent
De l'ouïe ma chère à vous faire tourner de l'œil

C'est le ventre à Paris qui gargouille et s'étire
Comme un revenez-y d'Atlantique en allé
Il y'a là tout Rimbaud dans ce colin messire
Ivre de mayonnaise il s'est mis en congé

Ah se vêtir de pluie dans ce siècle extra sec
Et briller dans la nuit d'un brillant de fontaine

S'ébrouer comme un chien perdu qui rit avec
Sa queue tout empennée de la tendresse humaine

Prendre la langue verte et la couper au ras
S'en réchauffer les doigts gercés par la palabre
Cracher des mots comme on cracherait des crachats
Et faire un style enfin à débander les arbres

Et partir loin des yeux de la technicolor
Tout seul en noir et blanc comme une ombre légère
Divaguer dans le no man's land et dire encor
Même en vers ce qui suinte alentour de la terre

psaume 151

Les psaumes sont écrits sur les magnétophones
Les chorus ont un nègre à chaque mélopée
Les bouches font des langues sept fois retournées
Miserere Seigneur du fond des microphones

La nature d'acier pousse des fleurs chromées
Le juste en Cadillac s'encense du cigare
Le courrier meurt de peur dans les aérogares
Miserere Seigneur du fond des destinées

Le boulanger fout la tournée au pain azyme
Les moutons des prisons se laissent tricoter
Et le coq de saint Pierre a tranché son gosier
Miserere Seigneur du fond des anonymes

Les condamnés jouent au poker leur appétit
Et laissent au suivant leur part de Jamaïque

Le coup de grâce dans le vent est liturgique
Miserere Seigneur du fond des piloris

L'estomac du commun se met en diagonale
Le traiteur donne au chien sa pitié tarifée
Les boueux ont glissé sur des peaux d'orchidée
Miserere Seigneur du fond des capitales

Les banques de l'amour sont pleines à craquer
Les je t'aime publics assomment les affiches
Et les adolescents ont des lèvres postiches
Miserere Seigneur du fond des oreillers

Les vitrines regardent passer les voyelles
Les ortolans prennent le frais dans le coma
Et le saumon fumé boude le tapioca
Miserere Seigneur du fond de nos gamelles

Les femmes en gésine inondent le pavé
Le mineur fait un blanc à chaque lavabo
Et le souffleur de Baccarat fait des bancos
Miserere Seigneur du fond des encavés

Les brebis de Panurge attendent au vestiaire
Les visas escomptés percutent sur l'azur

La queue chez l'épicier jouit contre le mur
Miserere Seigneur du fond des muselières

La ville a dégrafé son corsage de mort
Les balles dans la rue ont la poudre nomade
Les pavés font la main aux yeux des barricades
Miserere Seigneur du fond des Thermidors

Les temples sont cernés et sentent le roussi
Les magazines font la pige aux Évangiles
Et les chemins de croix se font en crocodile
Miserere Seigneur du fond des crucifix

Le journal titre en deuil la putain des frontières
La fleur fane au fusil et meurt sous un drapeau
Et les téléscripteurs nous mènent en bateau
Miserere Seigneur du fond de nos galères

La maladie veille au chevet des ganglions
Le cœur est métronome et la vie est musique
A l'hôpital les symphonies sont catholiques
Miserere Seigneur du fond des pulsations

L'apprenti sur le tour égrène son rosaire
Le tueur de la rue a gagé son bifteck

Et celui de Corée n'aura pas un kopeck
Miserere Seigneur du fond des mercenaires

Le verbe s'est fait chair dans le ventre rusé
La putain Marguerite a la peau qui dépasse
Le caillot dans les plis sinueux se prélasse
Miserere Seigneur du fond des pubertés

Les bourgeois de la rue ont piqué la vérole
Et réclament partout de faux médicaments
Qu'on leur sert en faisant claquer toutes leurs dents
Miserere Seigneur du fond des Carmagnoles

Les sextants sont en grève au cœur des matelots
Les oiseaux carburés fientent des équipages
Le soleil fait la course avec le paysage
Miserere Seigneur du fond des paquebots

La trouille a revêtu la terre de sa housse
Le plat de contrition se vend au marché noir
Le curé fait du supplément sous l'ostensoir
Miserere Seigneur du fond de la rescousse

le faux poète

Sans latitude sans un sou le cul cloué
A cheval sur l'atlas où ma fille besogne
J'ai l'œil morne du voyageur qui s'est gouré
Et qui rentre au bordel pour vider sa vergogne

Le slip barricadé et la pantoufle au vert
Des cover-girls vissée(s) au mur qui se lamente
Une Bible qui bâille un psaume de travers
Et ma feuille d'impôts qui me ronge la rente

Il pleure dans ma cour des chats de Tahiti
Des clitoris germains des lèvres sous-marines
Et ma sirène m'accompagne dans le lit
Au son du pot-au-feu qui meurt dans la cuisine

Dans ses yeux Niagara je noie l'alexandrin
Dans sa gaine je sens pourrir toute l'Afrique

Mon sexe géographe et la carte à la main
Je la viole à New York et m'endors en Attique

J'ai fait l'amour avec Saturne au Bal à Jo
L'accordéon crissait des javas hérétiques
Sur le Mont de Vénus et ma croix sur le dos
Je suis mort cette nuit en fumant des Celtiques

Neuilly Honolulu mon sperme s'est caillé
J'ai shunté ma goualante aux îles Caroline
Et porte ce matin mes sens dépareillés
Au lav' heure du coin où sèche Proserpine

Les fleurs de Nouméa se fanent à Paris
Les robinets suintants musiquent des tropiques
Je suis là et mon âme est coincée à demi
Entre un vieux pull-over et des couilles laïques

J'ai un railway dans l'âme et je tourne de l'œil
Vomissant alentour mes reliefs migratoires
La voie lactée a fait pipi dans son fauteuil
Et je me suis cassé la gueule dans le square

Miserere de l'avenue aux pieds rivés
Des albatros venus d'on ne sait où jouissent

Des rimes de nylon au cul du vieil été
Qui se meurt dans le ciel en vieilles cicatrices

Il y'a des astres retraités chez Ripolin
Qui cherchent un emploi en dorure sur tranche
Et des étoiles d'or qui sont dans le pétrin
Ça pue l'éternité sur les façades blanches

Ah l'avion qui là-haut métallise l'azur
Les coliques de Dieu dégueulent du pétrole
Je crois en toi Seigneur et j'ai mal au Futur
Aux quat' cent vingt et un j'ai paumé l'Acropole

Le soleil s'est couché ce soir avec ton gars
Le fils de l'homme avait du spleen dans sa musette
Un vieux compte à régler avec la lune en bas
Qui se soûlait la gueule avec un faux poète

visa pour l'amérique

Amérique vois-tu ton lyrisme m'émeut
Tes gratte-ciel s'en vont par trois comme à l'école
Apprendre leurs leçons dans l'azur contagieux

Ils s'amusent parfois des riches cabrioles
Que font vertigineusement sur la cohue
Tes insectes maçons qui perdent la boussole

Peuple d'enfants éclos dans un tohu-bohu
Germe d'un premier lit d'une Europe malade
Tes races dans les milk-bazars font du chahut

Ô peuple de gitans géographes nomades
Western perpétuel qui dors à Washington
Tes Peaux-Rouges n'ont plus le sens de l'embuscade

Ils plient sous le fardeau de tes sine qua non
Le fusil mort debout au fronton des réserves
Et le râle employé à des éléïsons

Le poétique végétal mis en conserve
Moisit dans le gésier de tes adolescents
Qui mettent des cocarde(s) aux fesses de Minerve

Toi tu vis aux crochets de la banque et du sang
Fabriquant des monnaies à l'étalon des autres
Garce qui prend son lait au monde vieillissant

Nous avons une église et tu as des apôtres
Qui viennent mitraillette au poing tous les vingt ans
Dans notre moyen âge où leur carne se vautre

Les abattoirs de Chicago sont débordés
Notre-Dame à Paris est en pierres d'époque
Les grèves à New York ça fait mauvais effet

Amérique vois-tu ton lyrisme est baroque
Tes pin-up font la peau aux enfants de Pantin
Le cœur éberlué sous leurs pauvres défroques

Tes gangsters d'Épinal couvent des assassins
Qui sortent des cinés les menottes aux pognes
Le cœur arraisonné battant sous ton grappin

Bohémienne domptée au service des cognes
Tes hôtels sont barrés tes amants sans papiers
Donneraient bien tes cops pour un bois de Boulogne

Tu crains de ne pouvoir brûler tous les fichiers
Qui se baladent dans la tête des fantômes
Visiteurs importuns de tes blancs négriers

Pendant que leurs enfants improvisent des psaumes
Dans les temples du jazz la trompette aux abois
La peine dans le blues et la crampe à la paume

L'échéance inflexible et le chèque à l'étroit
Le cordonnier a la voiture américaine
Et siffle des cireurs au dollar dans la voix

Paradis mensuel du bonheur à la chaîne
Les machines électroniques font crédit
Les frigidaires rafraîchissent la migraine

Le dollar ouvrier se fait des alibis .
Le soir sur son grabat doublé de gabardine
Il n'a que deux jours pour payer tes habits

Deux mois pour ta maison sept pour la zibeline
Que tu prête(s) à sa femme à chaque bal public
Où elle va geignant des désirs de cantine

Quand je vois de tes fils mâchant leur ombilic
Sur quelque char à bancs où s'étale ton chiffre
Je pense à la misère noble du moujik

Au berger provençal au Belge qui s'empiffre
A l'Allemand nazi qui dort sous quelques fleurs
A l'Italien qui se travaille dans le fifre

Aux valses de Ravel au rite d'Elseneur
Au Juif déraciné qui fuit la Palestine
Au Carrousel le mois d'octobre au lac Majeur

A Chartres à Reims à Caen aux chansons de Racine
Aux chevaux de Paris qui fuient les abattoirs
A Diaghilev à Beethoven aux Capucines

Qui fanent en dansant juillet sur les trottoirs
A tout ce que j'oublie aux Alpes misanthropes
A l'Orgueil au Refus à l'Allure à l'Espoir

Images se brouillant au kaléidoscope
Que me fait l'œil de tes gamins frais importés
Et j'y vois doucement mourir la Vieille Europe

Vers pour rire

feu rouge

Le carburant sonne le glas devant Potin
Et Shell a lubrifié au ventre d'un Latin
Qui s'est désentraillé perhaps dans l'ambulance
requiem macadam j'ai payé l'assurance

la bête

C'est une bête dégueulasse et solitaire
Une idée noire comme on dit chez la misère
Un insecte impoli qui fait dans vos affaires

Le conducteur du Paris-Nice a des visions
Le westhingous lui joue la valse hésitation
Sa femme a fait des trous dans sa réputation

La diseuse du coin en pince pour Prévert
Quatre mois sans boulot ça fait presque l'hiver
Les œufs durs sur le zinc c'est peu mais c'est pas cher

Je ne veux pas nourrir toutes ces mitrailleuses
Dit-elle en se touchant la boutique pondeuse
Et madame Anna fait sa grossesse nerveuse

Le riz indochinois ça se mange couché
Les avoir à zéro ça n'est pas un cliché
Un oiseau dans le ciel ça peut pas se toucher

Le piano du second n'aime plus la musique
Le professeur a une élève bucolique
Sa femme a dans la tête un piano mécanique

Le député mange la poule avec ses doigts
Et jaune comme un coin devant le duc pantois
Il meurt d'avoir failli boire le rince-doigts

Monsieur Lévy a fait des erreurs à la Bourse
Et ne voit plus briller que l'argent de Grande Ourse
Depuis que maintenant le soir il fait ses courses

L'évêché a reçu des lettres anonymes
S'asseoir au Flore pour fumer n'est pas un crime
Monsieur l'abbé se meurt d'une envie légitime

Bienheureux le médiocre et bienheureux le fou
Qui sentant le cafard lui serrer les écrous
Ne se demande rien et va pisser un coup

titi

Le cul sur Valéry le feuilleton en poupe
      Qui pousse au fait divers
Je regarde la rue et sa fesse à la loupe
      Et j'en prends plein le blair

Moi qui viens du pavé comme une fleur urbaine
      Je pétale en titi
Gavroche sans visa je flâne pour l'hygiène
      Et j'en prends mon parti

Le groin dans la boutique où s'étale l'aisance
      Je m'aplatis comm' ac
Et fous des coups de nerf optique à la pitance
      Qui plie l'échine en vrac

Je ne suis pas du genre « on fait dans la discorde »
      Et j'ai l'œil amical

Mais s'il y a des fruits où il faut que je morde
    Je mords et ça fait mal

En bref je suis poilu comme le premier homme
    Et je branle du cœur
Je lis *Paris-Soir* dans le texte et passe comme
    Passent les fournisseurs

la tante

Dans le salon vert d'eau de l'homme aux camélias
Se prélasse la tante irascible et coquette
Mollement allongée sur l'illustre carpette
Qui tantôt récolta le fruit de leurs ébats

Un cerne d'amertume assombrit ses yeux las
Dont le regard se fixe au coin d'une planète
Semblant interroger les dieux de la braguette
Et leur faire sentir les méfaits du caca

Ironie du destin la nature est méchante
De mettre ainsi des attributs aux pauvres tantes
Qui n'ont que faire du hochet et des grelots

Cependant qu'arrachant leur membre théorique
On les voit sous les yeux agacés de Sapho
Se creuser dans le ventre un trou psychologique

manu militari

Les maquignons de l'Indochine
Sont dans la piastre jusqu'à l'os
Et ces mitraillettes qui bruinent
A désencombrer le cosmos

La guerre est faite Capitaine
Je suis le caporal La Joie
Les morts ça fait pousser la graine
Ça économise les croix

de cogitationae maquarellis

Les lampes à souder la vie ont débandé
La sueur dans la soie fait du tort aux lessives
Le salaire de l'ouvrier ça fait jaser

Il faut dire à Watmann que Marguerite est juive
Le nègre de chez Max met de l'O-do-ri-no
La faim ça fait sortir le loup et sa salive

Pour le vicaire il faut penser aux ex-voto
La vérole et la chtouill(e) tendent à disparaître
Les trucs pornos ça se fait pas en in-quarto

Les prisons sans barreaux inventent des fenêtres
Le conseiller municipal n'est plus cocu
Si l'on devait les mesurer au manomètre!...

Le sperme vient tout seul à la queue des pendus
Il faut dire aux morpions d'aller en Indochine
Dupont ne monte plus derrière les poilus

L'échelle de Jacob pour un claque quell' mine!
Je ne suis pas d'accord avec le syndicat
Il faudra s'occuper un peu des orphelines

A l'hôpital ell's ne mangent pas tant que ça
La crevette aujourd'hui dégotte la concierge
Le mou d'hier a fait tourner la langue au chat

L'abbé m'a demandé de brûler quelques cierges
« Ça me rappelle les premières communions... »
Quel vicieux celui-là avec sa sainte verge!

Pour la serviette nid d'abeilles et le savon
J'en connais un morceau et crains pas la faillite
On devrait l'afficher dans les bonnes maisons

« L'amour est au water et revient tout de suite »

le sommeil du juste

Au fond d'un vieil hôtel de passe
J'ai couché avec ton remords
Et sur l'anonyme paillasse
Ta sœur à la tête de mort
M'a donné son cul à ta place
Le mien n'en revient pas encor

Au fond d'un vieil hôtel de passe
J'ai fait la peau à ton remords
Les affaires de cul ça lasse
Ça me dérange quand je dors

la femme adultère

Quand il soufflait sur ton corsage
    Le vent de la miséricorde
Comme un pendu au bout d' sa corde
    Je balançais

Quand il soufflait sur nos voyages
    Le vent de la désespérance
Comme un pendu sur sa potence
    Je desséchais

Et quand il soufflera l'amour
    Aux voiles de ton beau navire
Afin que nul ne puisse en rire
    Je le tuerai

miss sapin

Les femmes qui sont morte(s) ont leurs amants en
   compte
Et pourrissent d'amour à petits feux follets
Il arrive parfois qu'un fossoyeur distrait
Aille leur réclamer de sinistres acomptes

Alors ces femmes morte(s) ont les yeux qui riboulent
Toute une floraison de mercis étoilés
Vers l'homme semblant dire en un pâle hoquet
« Encor un à qui je pourrais tourner la boule »

les pisseuses

Accroupies sur le trône où mon sceptre est bouffon
Elles sont là languissamment le rein tragique
A sourdre vaguement une urine publique
Les yeux perdus les mains figées à leurs jupons

Et tandis que parmi tant de frêles linons
S'ébroue monsieur Pipi en un jet despotique
La tête se vidant ainsi que la barrique
Elles ne pensent rien et tirent le cordon

Quand je surprends mon cœur à chercher sa pâture
Je songe malgré moi à ces poses obscures
Que prendra ma victime au fond des cabinets

Et pendant que j'attends comme un con au vestiaire
Je raisonne ma hargne et n'y puis rien changer
Tout comme le curé qui bouffe son bréviaire

monsieur le poète untel

Il souffle dans sa veine un vent de chlorophylle
Un printemps vigoureux qui pétale d'idées
Et sa bouche en corolle est une fleur de style
Qui se fane en baisant la pâle renommée

Il germe dans sa couche une plante insensible
Qui s'étanche à son crâne ainsi qu'au robinet
C'est l'arbre de raison qui grille ses fusibles
Et qui lui donne envie d'aller tout dégueuler

Le poète a sa croix comme chacun le pense
D'abord celle d'aimer puis celle de la panse
Il arrive parfois qu'il puisse conjuguer

Mais l'inquiétude alors lui mange la genèse
Lui ronge la syntaxe et lui prend l'alphabet
Il se meurt doucement d'Académie française

complainte pour popaul

Qu'as-tu fait Popaul qu'as-tu fait
de Saint-Germain-des-Prés

Au Flore au fond d'un vieux pastis
J'ai vu trembler ta vieille église
En un hoquet de profundis
Le diable faisait ses valises
On a mis entre quatre planches
La poésie et les chansons
Sur l'échiquier des Reines Blanches
Les rois n'ont plus de pantalon
Et le huis clos du Montana
Aux Proserpines des deux sexes
Qui s'offrent du caca cola
Avec des paille(s) et des complexes
Le beau taulier des Assassins
Qui joue les Ragueneau sans tarte
Et qui pour un vague boudin
Vous foutrait les poète(s) en carte

147

Qu'as-tu fait Popaul qu'as-tu fait
de Saint-Germain-des-Prés

Ces amazones androgynes
Tous ces Samsons en chocolat
Et puis ces roses sans épines
Et ces Gréco sans Alhambra
Cinéastes de la purée
Qui inventent Charlie Chaplin
Entre un bar Vert quelques nausées
Et deux ou trois cents francs de spleen
C'est la saison des feuilles mortes
Mais qui donc les ramassera
Toi tu t'en fous t'as pris la porte
Cependant que ta plume d'oie
Grince d'amour aux rotatives
Et que Genêt fait les cent pas
Devant la dure alternative
En avoir ou n'en avoir pas

Qu'as-tu fait Popaul qu'as-tu fait
de Saint-Germain-des-Prés

Des souris qui pour cinq cents balles
Se font manger par un saxo

Des Verlaine à l'eau minérale
Et des sous-produits de Rimbaud
C'est ton robot métaphysique
Qui ne parle plus le latin
C'est tes fils Popaul c'est ta clique
C'est pas marrant et tu l' sens bien!
Merci Popaul merci quand même
Car ta magie a des appâts
A coups de scotchs et de poèmes
J'ai des clients... Dieu sait pourquoi
Car dans cette Babel sonore
Qui fait des brique(s) aux margoulins
J'ai pu brouter mon ellébore
A l'enseigne de l'Arlequin

western pigalle

La race de Caïn joue aux machine(s) à sous
Le chat du restaurant fait de l'œil à la tante
Le calme relatif de la rue trie ses poux
A la barbe du flic que la mouise commente

Les girls de Monsavon font des bulles aux murs
Tout est plat dans le ciel qu'un clochard terrorise
On dirait qu'on a mis du javel dans l'azur
Et que Mister Soleil a changé de chemise

Un musicien qui pue Gerschwin et le boston
Braille un chorus d'ennui au fond d'une bouteille
C'est l'aube et le pavé craque sous le frisson
D'un talon louis quinze au bas rempli d'oseille
La paire aux rois par les valets c'est pas du bluff
Le comptoir a bramé soudain comme un délire
— Le verre était payé à part ça rien de neuf...
Monsieur le Commissaire et ces messieurs désirent?...

150

La race de Caïn joue aux machine(s) à sous
Le chat du restaurant fait de l'œil à la tante
Le calme relatif de la rue trie ses poux
En attendant pénardement la nuit suivante

les passantes

Et tous ces inconnus qui mettent à la voile
Sur de longs autobus aux voyages hachés
Laissent de leur limon intime à des étoiles
Qui brillent tristement au coin des rues barrées

la vedette

La vedette qu'étouffe un massif de lilas
Signe au bas du programme un puissant hiéroglyphe
En jouant du paraphe et dedans toutes griffes
Elle se laisse peloter le bout de gras

Libérant sa mamelle égouttant ses appas
Sacrifiant joyeuse au mythe de Sisyphe
Elle roule inlassable en baisers apocryphes
Du haut jusques en bas les termes du contrat

Le producteur zélé sous d'infimes prétextes
Piqué au jeu la fait travailler dans le texte
Avaler la syntaxe et recracher les mots

Cependant qu'enchaînée à ce piteux lexique
Elle lui dit songeant à de futurs boulots
« Le cinéma des morts a-t-il un générique? »

sous le ban

Les âmes des putains qui ont été mariées
Errent dans les mairies aplaties sous les chaises
Le patronyme les travaille et l'hyménée
Les agace beaucoup plus que la Marseillaise

le mannequin

Drapé dans l'organdi cintré jusqu'à la garde
Sous l'œil apoplectif de la graisse indomptée
S'ébat le mannequin aux fugaces livrées
Sous le lustre baroque où le gratin bavarde

On lui tâte un ourlet un feston qui musarde
Le dégradé coquin où meurent des idées
On la pique on la chausse on la brode on l'agrée
Le mauve lui convient le rouge la poignarde

Ainsi plane l'archange au ciel de la couture
Heurtant parfois son aile à la grave censure
De la mensuration du galbe des pesées

Faisant de notre Ariel cette pâle échalote
Qui rêve de homards de ragoûts de pâtées
Boit de l'eau de Vittel et mange des biscottes

das kapital

Le ventre au chaud les pieds sanglés de crocodile
Das Kapital prend son café au bar du coin
L'air effaré parmi la merde de la ville
Le pourboire agressif et l'œil américain

Une fille gonflée au devant comme une outre
Le regarde agacer le sucre au fond du pot
Et pense mais trop tard au prolétaire foutre
Qui la fait respectable et lui crève la peau

à un prochain cadavre

La vermine déjà te guette et se pourlèche
Dans son fauteuil d'orchestre elle assiste au décès
De ton arlequinade et déguste à longs traits
L'eau sale qui croupit dans ta viande qui sèche

Tu sens mauvais de l'âme et la vie qui te lèche
T'amidonne le teint et prépare l'engrais
Qui bientôt fumera la fosse de laquais
Où l'on te répandra comme une merde fraîche

Alors prenant au col la détestable nuit
Tu feras ta dernière émission sans un bruit
Un pet horizontal bouclant le générique

Et l'onde amalgamant le son et le fumet
Auditeurs malgré eux de tes neuves musiques
Les morts incommodés se boucheront le nez

requiescat in pace

A leur chanter des tas d' chansons
Dies irae et tout' la clique
Les morts en vein' de migration
Se sont levés avec des triques
Ils sont allés au cinéma
Voir la Symphonie Pathétique
On dit qu'ils n'ont pas aimé ça
Les morts n'aiment pas la musique

récréation

Moi je serai putain et moi marchand d'oiseaux
Moi je vendrai des chapelets d'oraisons doubles
Et moi du chinchilla et moi des haricots
Moi je ferai de la politique en eau trouble

Moi je serai bico à Asnières comm' ça
Et moi je serai flic comme le fut mon père
Donne-lui donc à boire à c' bico-là, Pourquoi?
Moi je serai le président des pissotières

Moi je serai hôtess' de l'air moi monte-en-l'air
Moi je serai du chiffre aux Affair's indigènes
Moi je mettrai des points sur les « i » moi derrièr'
Les jeunesse(s) en pépées j'irai filer la laine

Moi j'irai à New York apprendre à être con
Et reviendrai pour fair' des cours aux camarades
Moi je serai laveur chez Renault et toi donc?
Moi je regarde ailleurs une étoile malade...

rhapsodie in blue

Je me connais d'Europe et l'An Mississippique
N'a de vertu pour moi qu'en nègres spirituels
Qui plaquant leur chwingum aux ventres des Pleyels
Tailleront des rumstecks au blue à l'Amérique

les cinéastes

La pellicule au coin de l'œil le pied savant
Les voilà qui s'en vont vers les laboratoires
Se tailler gravement quelques mètres de gloire
Et donner au ballot sa ration de clinquant

Mais dans la salle obscure où s'agite l'écran
On ne les voit jamais pourrir parmi les poires
Qui se dilatent la cervelle et les mâchoires
Entre Rita la rousse et l'Esquimau fondant

Le génie est pourtant une longue patience
Plus que force et que rage il y faut de la science
Du doigté des amis une ou deux opinions

La caméra bien sûr quelques bonnes bouteilles
Mais il y faut surtout la paire de nichons
Pour trouver l'abruti qui donnera l'oseille

le crachat

Glaireux à souhait avec des fils dans l'amidon
Se demandant s'il tombera du mur ou non
     Le crachat au soleil s'étire

Son œil vitreux de borgne où la haine croupit
Brillant d'un jaune vert pâlot et mal nourri
     Sous la canicule chavire

D'où viens-tu pèlerin gélatineux et froid
De quelle gorge obscure as-tu quitté l'emploi
     Pour te marier à cette pierre

D'un gosier mal vissé ou d'un nez pituiteux
D'un palais distingué d'un poumon besogneux
     Ou d'une langue de vipère

Avant que de finir au plat sur ce granit
Étais-tu préposé au catarrhe au prurit
   Ou bien à résoudre une quinte

Es-tu le doute du rêveur l'orgueil du fat
La solution d'un douloureux échec et mat
   Ou l'exutoire du farniente

Agacé par l'insecte au ventre crevant d'œufs
Décoloré, suintant, le crachat comateux
   Sur le trottoir enfin débonde

Tandis qu'agonisant sous des pieds indistincts
A l'aise enfin chez lui il me dit l'air hautain
   « Je suis la conscience du monde »

La terre est soûle

La Terre s'est carré du pernod dans la goule
Assassinée au zinc d'un café Vendredi
Ça devait être un treize où le destin s'aboule
La Terre est soûle et prend son pied dedans mon lit

Des pieds d'hommes pensants lui brûlent la chaussée
C'est un boueux nommé Descartes qui l'a dit
Juste comme elle happait sa dernière lampée
En lui tâtant le gras : « Je pense donc Je suis »

La Terre s'est glacée et pue la ménopause
Les lunes reverdies aux chansons de Pierrot
Lui font la nique au bout du ciel qui prend des poses
Sous l'œil mécanisé d'un kodak de rabiot

Elle est là dans mon lit suçant ma sérénade
A m'honorer du capricorne et du machin

Je l'ai prise à minuit sans heurt en camarade
Tel un marlou blasé qui rentre sa putain

Polaire nous a vus et fait des gorges chaudes
En détaillant ses vieux poumons en quinte flush
Le hasard aboli comme un taxi maraude
Les dés étaient pipés monsieur c'est pas du bluff

Le hasard c'est bien ça vêtu de houppelandes
Il vous arrive tout de go comme un parent
Et vous suce la vie alors qu'on ne demande
Qu'un peu de pain mortel mouillé d'un peu de sang

La Terre a mis son cul à l'air dans mes alpages
Ses linges maculés d'humaine déraison
Sèchent tranquillement tringlés sur les nuages
Où campent désormais ma viande et mes violons

Pour trisser dans l'azur mes jambes migratrices
Moi je prendrai la quatrième dimension
Des tickets au rabais détachés des solstices
Me feront des soleils pénards et du charbon

J'irai dans les bazars fourguer des longitudes
Quelques mètres d'azur violé en plein trottoir
Et des larmes séchées au vent des servitudes
Tout en faisant du porte-à-porte vers l'espoir

Je porterai l'habit comme un moine sa robe
Moi l'amant de la Terre à mon désir pendue
Dans mon lit sous mon joug j'y jouirai des globes
A lui faire oublier de se laver le cul

D'autres lui repeindront sa grille de frontières
La Terre a ses anglais on lui met des bandeaux
Ça tombe à pic mes cons les menstrues me libèrent
Un sexe immaculé qui s'ennuie sous ma peau

Viens par là garce impie écarte tes serviettes
Donne-moi tes jardins que j'y morde à crever
Tes fleurs peuvent faner mon ventre s'y reflète
Colle-t-y sacré nom d'un chien tu peux rêver...

Et la Terre rêva comme une femme soûle
Hoquetant çà et là des violette(s) en paquets
Que son copain le vent empanaché de houle
Venait de temps en temps lui souffler au cornet

— Pardon petit ce soir je penche du tropique
Le soleil ce michet m'a brouté le gazon
J'ai du printemps par là qui se bourre la pipe
Et fume mollement du blé sous mes jupons

Le printemps c'est mon sang qui vert se coagule
Et qui fait les champs blonds où crissent les couteaux
Si je meurs sous l'été mille fois la crapule
Les morgues de l'hiver lui feront bien la peau

Je vis petit c'est beau moi la Terre increvable
Enfermée dans le cycle con des astres mous
Qui font du caramel tout bleu là-haut qu'est imman-
  geable
Et qui colle à tes yeux cliquetant de verrous

Je suis un vieux glaçon que le soleil se tape
Les heures qu'il me fait couler dans son bidet

S'étirent maigrement frileuses sous la cape
Que jettent sur mes reins chaque nuit ses valets

Crois-moi je ne suis pas copine avec la lune
On se regarde de très loin c'est bien connu
Les poètes la font rimer avec fortune
Et devant les buffets dansent leurs os pointus

J'ai cherché dans mes nuits le sceptre quaternaire
Qui me ferait soleil et qui m'engrosserait
Et l'on vient me parler du sommeil de la Terre
Comme si l'on dormait sous tant d'obscurité

Apprends-moi les désirs la raison la pensée
Fais que mon Atlantique inonde mes cités
Et foule sous les pieds des algues délivrées
Mes chagrins de granit et mes rêves pavés

Je suis soûle à ton creux et rends du Pacifique
Je vomis l'océan mes îles mes bateaux
Accroche-toi bien fort petit c'est la musique
Qui passe... écoute bien le chant de mon repos

Je repose en tes bras unis comme le cycle
D'éternité qu'est descendue prendre le frais

Vite fermons la lourde et que sur elle gicle
Le peu d'humanité que Dieu nous a laissé

Je suis vide emplis-moi la carcasse et l'épure
Achève le dessin vulgaire et tournoyant
Que fit de moi ce Dieu foutu d'architecture
Un jour qu'il s'emmerdait à bout de firmament

Un cercle que je suis un rien trigonomètre
Une toupie à philosophe un rond de trop
Un cosinus inadapté qui fait des mètres
Dans la cervelle des matheux à qu'ès aco

Je suis un syllogisme aux prémisses funestes
La Terre est ronde Galilée voilà ton pain
Et puis voici ton eau et des fers pour ta sieste
Je tourne c'est un fait t'es trop bavard copain!

Je tourne au vent comme moulin que vent chavire
Je mouds le temps en parchemin tel un meunier
Qui moudrait son froment au ventre d'un vampire
Dont la faim durerait depuis l'éternité...

La faim... c'est un bijou dont se parent les lèvres
Et qui fait les palais râpeux et les bandits
La faim c'est mon calvaire vert où vont les chèvres
Me rasant de très près pour leurs fêtes de nuit

Les enfants de l'amour se broutent sous mon aile
Leurs abats tristes vont pourrir sous mes dessous
Le boucher met du rouge aux voiles des vaisselles
Et l'âme des brebis erre sur les ragoûts

La faim c'est un Chinois le bol en mappemonde
Qui fait risette au riz qui gonfle sa tribu
Mais qui la nuit venue rêve d'un autre monde
Et d'un riz rénové éclatant dans les rues

La faim c'est un manège infirme qui soupire
Et ses chevaux ne sont pas tant de bois qu'on croit

Ça finit quelque jour par un paquet de cire
Qu'on empaquette dans la bière et qui m'échoit

La faim c'est vite dit mais la Tendresse
Ce bâtard de l'amour qui n'en finit jamais
Ce paradis en vrai qui vaut bien la richesse
Et que les pauvres ont de par leur pauvreté

Les pauvres c'est un fait une raison sociale
Une entreprise de la joie en équation
Avec des inconnues qui se fendent la moelle
A les voir gamberger d'informes solutions

La joie c'est un hold-up il faut prendre ses risques
Le bonheur? Un chagrin qui n'a pas réussi
Crois-moi j'ai mes sillons, si je change de disque
C'est que la Marseillaise a fait sur mes habits

Les canons de chez Krupp comme des cuisses d'ange
Font un galbe métallisé au feu de Dieu
La guerre a débarqué et des pitres l'engrangent
Dans les greniers de la mémoire Ô mes aïeux!

Les os de ses soldats s'amusent aux jointures
Et font un puzzle à réinventer l'homme abstrait
C'est le jeu d'osselets avec la pourriture
Que font les gens de guerre accroupis sous l'engrais

Homme de tes vertus je gueule l'imposture
Je suis Terre il est vrai mais à Dies Irae
Je préfère un chant noble et que nulle souillure
Ne vienne l'enrayer fût-ce un drapeau sacré

La guerre c'est l'azur trempé dans la lessive
C'est le dieu de chacun qui nous montre du doigt

C'est un pet c'est un tic c'est une alternative
Mourir or not mourir on est trop à l'étroit

La guerre c'est le chant d'amour d'une planète
Qui fiente dans mes flancs des bijoux de vingt ans
La guerre Ô putain sale inconnue des poètes
Et qui me fait de l'épopée et des sergents

La guerre mon petit c'est comme l'aspirine
Ça fait passer le mal d'aimer le doux prochain
Ce prochain de Jésus qui se creuse l'échine
A promener la Marseillaise sur mes reins

Dodo la boule en Australie y'a des moutons
Qui t'emmaillotent doucement les parallèles
Et sous l'Arc de Triomphe à Paris y'a des cons
Qui s'empanurgent de novembre où la mort bêle

Il y'a des soldats qui raniment la flamme
Sous l'arche des victoire(s) en buvant du pernod
Et prennent le trottoir pour le Chemin des Dames

Il y'a des médaillés qui remontent leur peau
Des qui faisaient déjà pipi debout en seize
Alors que ma maman me tenait au boyau

Il y'a des voix cassées qui jouent la Marseillaise
Avec des voix d'enfants faites pour la java
Des voix sucrées qui pourraient bien sucrer les fraises

Il y'a la mécanique obscène des visas
Les blancs-seings perpétrés au sein de la buraille
Et cette mise à poil du rêve et du paria

Il y'a dans les bistrots des machines qui braillent
Pour des aveugles d'intérim devant la brume
Et la musique y fait son rond vaille que vaille

Il y'a les voluptés publiques qu'on écume
Comme un ragoût trop gras qui se livre et se tait
Et le peuple qui fait maigre et déjà posthume

Il y'a un Christ chinois vautré dans les rizières
Comme un corbeau d'automne à croquer le bon
    grain
Et croassant en anglais les vérités premières

Il y'a à Tombouctou un nègre qui déteint
Et sous lui à l'arrêt un impresario louche
Qui a télégraphié à Barnum ce matin

Un ange a éclusé à la station Barbès
Un Arabe l'avait pénétré de sa glaise
Et les ailes rognées il rampe vers Gabès...

179

L'AMOUR

LA TERRE EST SOÛLE

COLLECTION FOLIO

Dernières parutions

Impression Bussière à Saint-Amand (Cher),
le 14 août 1987.
Dépôt légal : août 1987.
1er dépôt légal dans la collection : avril 1977.
Numéro d'imprimeur : 1866.

ISBN 2-07-036926-9 /Imprimé en France
Précédemment publié par les éditions de la Table Ronde
ISBN 2-7103-0082-6

41445